mare

Lissabon

Jan Windszus

Herausgegeben von Nikolaus Gelpke
Texte von Karl Spurzem

ALVERCA DO
RIBATEJO

PÓVOA DE
SANTA IRIA

Tejo

LOURES

SINTRA   ALGUEIRÃO   SACAVÉM

ODIVELAS

Serra de Sintra   CACÉM

AMADORA

QUELUZ   **LISSABON**   *Tejo*

ALCABIDECHE   *Castelo*

SANTA MARIA
DE BELÉM   MONTIJO

CASCAIS

OEIRAS   *Tejo*

Costa do Estoril   ALMADA

BARREIRO

AMORA   PINHAL
NOVO

ARRENTELA

CHARNECA

Costa Azul

Atlantischer Ozean   SETÚBAL

*Lagoa
de Albufeira*

Serra da Arrábida

SESIMBRA   *Costa
da Galé*

Costa Azul

VORWORT

Lissabon ist die Hauptstadt der Vergangenheit, die Inkarnation ehemaliger Macht, und sie strahlt im Glanz des Vergessenen – und der Sehnsucht.

Wenn ein Hafen als ideal beschrieben würde, dann müsste man ihn in eine Flussmündung legen, mit weitreichenden Schifffahrtswegen land-einwärts, zum Meer hin geschützt durch eine kurze, enge Passage. Und er müsste zentral an einem Ozean liegen, der umgeben ist mit wichtigen Handelsmetropolen. Der Tejo ist mit 1000 Kilometern der längste Fluss der Iberischen Halbinsel, und sein Einzugsgebiet reicht bis über Madrid hinaus. Schützend verengt er sich an seiner Mündung, und der Atlantik war schon vor 500 Jahren das Tor zur Welt. So verwundert es schon auf-grund dieser Tatsachen nicht, dass sich Lissabon im Mittelalter zum Ausgangspunkt der Weltherrschaft entwickelte. Heinrich der Seefahrer beauftragte seine Kapitäne, mit den dafür eigens entwickelten Karavellen den Seeweg nach Indien zu suchen, den schließlich Vasco da Gama ent-deckte und der sich 1499 dafür glanzvoll in Lissabon feiern ließ.

So stieg die Stadt an der Tejomündung zu Macht und Herrschaft auf. Im 16. Jahrhundert war der Hafen der wichtigste und größte der gesamten Welt. Dem Höhenflug folgte der langsame Niedergang. Verlorene Herrschaftsgebiete und Schlachten gegen Spanien und England sowie Epidemien erniedrigten den portugiesischen Stolz, und das verheerende Beben von 1755 besiegelte das schleichende Ende.

Auf jedem Meter der Stadt spürt man diese Vergangenheit mit ihrem verblassten Glanz, immer gepaart mit einer Sehnsucht nach Weite und Größe. Diese unnachahmliche Stimmung ist reine Melancholie. Oder *fado*, das musikalische Schicksal, die *saudade*, der Weltschmerz der Lissabonner.

Für ein Porträt dieser Stadt muss sich ein Fotograf auf diese einzigartige Stimmung einlassen können. Inhaltlich und mit seiner Bildsprache. Dies führte bei der Buchplanung zu dem jungen Fotografen Jan Windszus, der schon mehrere herausragende Geschichten für die Zeitschrift **mare** umge-setzt hatte. Immer mit sehr eigenem Blick, immer in bezauberndem Licht und mit seiner Fähigkeit, jeder noch so simplen optischen Aufgabenstellung mit größter grafischer Gabe erfolgreich zu begegnen.

Windszus reiste viermal und insgesamt mehr als zwei Monate nach und durch Lissabon. Er blickte durch dunkle Gassen, auf regennasse Straßen, auf blau gekachelte Fassaden, Straßenbahnen, die zum Fluss hinab stre-ben, in Gesichter voll Ruhe oder Einsamkeit, oder er spiegelte das stete Treiben auf Plätzen und in Cafés.

Jan Windszus' Bilder beeindrucken jedoch nicht nur durch seinen klugen Blick, sondern vor allem durch Sinnlichkeit. Man erkennt nicht in erster Linie, sondern empfindet. Und trotzdem verliert er sich nie im Gegenstandslosen, und er erliegt nicht *l'art pour l'art*. Windszus bereitete jede Reise akribisch vor, recherchierte, buchte Helikopterflüge, suchte Perspektiven aus Gebäuden hinaus oder über die Klippen der Küste hin-weg und ließ sich dann im Gewirr der Stadt treiben. Und auch er konnte dem eigentlichen Gefühl Lissabons nicht entgehen. „Der *fado* ist immer da, zu jeder Jahreszeit, in jedem Gesicht, in jeder Geste. Selbst die Steine, die Wasser des Tejo oder die exotischen Pflanzen scheinen diese unbe-schreibliche Sehnsucht zu atmen."

Jan Windszus ist etwas Seltenes gelungen: Er fand die Seele einer Stadt.

Nikolaus Gelpke

LISSABON, DIE SCHÖNE LEISE

Wer frühmorgens am Cabo da Roca steht, dort, wo Europa endet und wo die Unendlichkeit beginnt, den überkommt nach dem Staunen über die geografische Sonderheit dieses Ortes eine undeutliche Empfindung von Ergriffenheit und innerer Erregung. Hier, eine knappe Autostunde von Lissabon entfernt, an der letzten Kante des Landes, gerät man wie durch einen plötzlichen Zauber unversehens ins Gespräch mit dem Meer; in eine Zwiesprache, die die Unbegrenztheit denken und spüren lässt und die große Einsamkeit der Ozeane. Unweigerlich legen sich Schleier von Gefühlen über das Herz, die alle etwas Grenzenloses haben, und es treibt einen immerzu die Frage nach dem, was wohl hinter den Horizonten liegen mag, denn man ahnt, dass das Gespräch mit dem Meer in Wahrheit ein Gespräch mit sich selbst ist.

Hier wird einem gewahr, dass das Meer nur dann, wenn es Kulisse ist für einen sonnigen Strandtag, uns fröhlich stimmt und uns dazu bringt, uns leichten Herzens ihm auf einer Luftmatratze anzuvertrauen. Schon aufziehende dunkle Wolken und ein kräftiger Wind vertreiben uns alle Leichtigkeit und machen uns bang und ehrfürchtig vor der Gewalt, die da kommen könnte.

Vielleicht liegt hierin eine der Ursachen für die Wehmut, in die uns die stille Betrachtung des Meeres trägt; sie macht uns demütig vor der Schöpfung und lehrt uns, dass seine Erhabenheit die von uns Menschen in unseren edelsten Momenten übertrifft.

Portugiesen wissen darüber mehr als alle anderen Völker in Europa. Sie haben diese Empfindungen tiefer verinnerlicht als alle anderen, in einer Weise, die sie als typisch für sie erachten. Sie haben diesen Seelenregungen sogar einen Namen gegeben. Er soll hier nicht übersetzt werden; denn nicht nur ist diese Gemütsverfassung der Portugiesen viel zu vielschichtig, das Wort klingt auch viel zu schön. Es heißt *saudade*. Sie prägt dieses Land mehr alles andere, mit Ausnahme des Atlantiks, denn von dort ist es vielleicht gekommen.

Fernando Pessoa, der hochverehrte portugiesische Dichter der Wende zum 20. Jahrhundert, wusste um ihre Unbeschreibbarkeit.

„Saudades, só portugueses *„Saudades – nur Portugiesen*
Conseguem senti-las bem. *Können dieses Gefühl kennen.*
Porque têm essa palavra *Weil nur sie dieses Wort besitzen,*
para dizer que as têm." *Um es wirklich beim Namen zu nennen."*

Die Wissenschaft hat den Ursprung des Wortes im fernen Brasilien verortet, wo der Begriff die Einsamkeit der Kolonialisten in einem fremden Land, fern von zu Hause, beschrieb, die Melancholie der Erinnerung, der Schmerz über die Abwesenheit von lieben Menschen, Dingen, Zuständen und Gewohnheiten.

Aber womöglich liegen die Wurzeln dieses Gemütszustands viel tiefer – in den Katastrophen und Niederlagen und Demütigungen, die dieses Volk hinnehmen musste, aber auch in der Mattheit und in dem Stolz, sich dem nicht zu widersetzen, in den tiefen Stürzen aus höchsten Höhen, hinein in eine Randständigkeit, die das Volk bis heute bescheiden macht und leiser als andere die Unbilden unserer Zeit ertragen lässt. Diese Duldsamkeit der Portugiesen gegenüber dem Schicksal, diese Grundzutat der *saudade*, sie ist ein Rätsel.

Vor allem in Lissabon drängt sich diese prototypische Gefühlsfarbe allenthalben dem Besucher entgegen. Augen, Ohren, Herz erspüren hier eine Innerlichkeit, ja Verdruckstheit, die in einer europäischen Küstenmetropole von immerhin zwei Millionen Einwohnern merkwürdig deplatziert wirkt. Selbst in seinen hervorragendsten Teilen zeigt die Stadt nirgends heitere Großzügigkeit nach Art Barcelonas oder lebendige Urbanität wie Amsterdam, den feinen Stolz von Genua oder die strahlende Helligkeit Nizzas. In Lissabon sind die Schatten dunkler, die Gassen kühler, die Blickachsen kürzer, selbst die Nase ist ein wenig traurig bei so viel feuchtem Muff in den Altstadtgassen. Die Menschen hier beten inbrünstiger, sind leiser als anderswo, verhaltener in ihrer Gestik, stiller in ihren Gesprächen, tiefer in ihrer Freundlichkeit und dauerhafter in ihren Beziehungen zueinander. Wie ein durchsichtiges Seidentuch liegt über den Lissabonnern eine eigenartig beruhigende Melancholie, die sie wie aus der Zeit gefallen wirken lässt.

Manches spricht dafür, dass der Same für diese stille Traurigkeit schon im Urgrund dieses Volkes lag. Willkürlich scheint die Geschichte der Portugiesen, und die anrollenden Wellen der Völkerwanderung haben in diesem atlantischen Land die verschiedensten Gepräge hinterlassen. Vielleicht am meisten aber die Kelten, dieses unstete, immer auf der Flucht gewesene Volk. Bei den nächsten Nachbarn der Portugiesen im Norden, den Galiciern, ist das Portugiesische noch am ehesten merklich. Diese Keltenabkömmlinge stehen den Portugiesen in den wesentlichen Dingen näher als den Spaniern, deren kalter Expansionismus sie einst in ihre Grenzen gezwungen hat. Es gleichen sich ihre Lieder, ihre Gesänge mit zarten und verschwimmenden Stimmungen, transzendierend beinahe, und ähnlich sind auch ihre unsicheren Schritte in den Weltläuften, überhaupt ihr Mangel an Durchsetzungswille, so passiv oder wenigstens defensiv sind beide in ihrem Tiefsten.

Wie anders dagegen die großen Nachbarn im Osten, die Spanier. Stolze Sicherheit, lebendige Raschheit und Entscheidungskraft verflüchtigen sich mit einem Schlag jenseits der Grenze nach Portugal. Plötzlich wird es stiller und dunkler in den Dörfern und auf den Landalleen, matt und gemessen scheint jetzt jede Regung der Menschen, die Wehklage der Grundton ihrer Existenz, deren äußerster Ausdruck des Wohlgefühls ein Lächeln ist, und die akzentreiche, rhythmische, reintönige Sprache der Spanier weicht dem fließenden, gefühlssatten Moll des Portugiesischen, das beinahe ohne Konsonanten auszukommen scheint, einer leise vorgetragenen Melodie vergleichbar.

Von dem übermächtigen Nachbarn hatten sich die Lissabonner des Öfteren eine demütigende Lektion in Machtpolitik erteilen lassen müssen; was auch, wie oft, eine Folge des Zauderns ist, dieses zunächst vornehmen, bei näherer Betrachtung irritierenden Ängstlich-Zögerlichen, das der portugiesischen Seele innewohnt und das in den schicksalhaften Momenten seiner Geschichte stets die Richtung lenkte. Wie 1484, als Christoph Kolumbus am Lissabonner Hof Joãos II. vergeblich für die Finanzierung seiner Fahrt nach Westen warb; da verpasste das Land die Chance, die Spanien zu nutzen verstand. João beließ es bei Portugals Weg um Afrika, immer an den Küsten entlang, mutig, aber nicht waghalsig. Bereitschaft zum letzten Risiko war Lissabons Sache nie.

Dennoch kam die Stadt zu ihrem Ruhm. Sie war sogar das Zentrum des ersten Weltreichs, und der letzte Schimmer ihrer Geschichte verging erst in unseren Tagen, 1999, als Lissabon seine letzte Kolonie im Fernen Osten, Macau, an China übergab.

Lissabon ergab sich in die Seefahrt, wie es ihm von Heinrich dem Seefahrer 1418, als er den Seeweg nach Indien zur Doktrin machte, auferlegt worden war, und als 1499 Vasco da Gama bei seiner Rückkehr von der Entdeckung Indiens am Tejoufer triumphal empfangen wurde, schienen sich die Wolken über diesem Volk für alle Zeiten verzogen zu haben. Die Lissabonner Könige, ihnen voran Dom Manuel I., der von 1495 bis 1521 regierte, förderten die Seefahrer, und sie gründeten Kolonien in Afrika, Arabien, Indien, China und Amerika. Ihr Interesse galt nicht zuerst dem Besitz großer Ländereien; dafür gab es zu wenige Portugiesen, die sie hätten verwalten können. Stattdessen gründeten sie entlang der großen Routen nach Indien ihre *feitorias*, „Faktoreien", von wo aus sie Konkurrenten und Produktionsstätten der kostbaren Kolonialwaren kontrollierten.

Reich, allzu reich wurde Lissabon durch seinen Handel und Wandel binnen weniger Jahrzehnte, sichtbar für alle Welt, auf einem führenden Rang unter den Völkern, ein Pol des Globus.

Der andere Pol war Madrid, der Hof Felipes II., und im nüchternen Kalkül seiner Bürokratie der *conquista*, der Eroberung der Neuen Welt, war Lissabon stets ein noch zu überwindendes Hindernis auf dem Weg zur größten Größe, zur mächtigsten aller Mächte. Denn trotz aller von Gottes Stellvertretern auf Erden besiegelten Verträge, die den Globus unter den beiden Kontrahenten aufteilten, beargwöhnte Spanien stets die Errungenschaften der Portugiesen, und so schickte es 1580 den Großherzog von Alba, der zuvor die Niederlande verheert hatte und dem wegen seiner Brutalität in halb Europa das Schmäh-Vaterunser „Teufel unser, der zu Brüssel du haust, verflucht sei dein Name ..." gebetet wurde, mit dessen Söldnern nach Lissabon.

Tief war der Sturz der glänzenden Stadt am Tejo infolge der Niederlage im Krieg der Nachbarn. Sie verwundete die Seelen der Lissabonner mehr als die Körper, und es sollte beinahe 90 entsetzliche und verlustreiche Jahre dauern, bis die schmachvolle Besatzung der Spanier beendet war. Und obwohl nun nicht nur die Spanier, sondern auch die Engländer, Franzosen und Niederländer den Portugiesen den Kolonialhandel streitig machten, schwang sich Lissabon danach noch einmal auf, mit letzter Kraft, und brachte sich zum Blühen. Gold und Diamanten aus den Minen Brasiliens und eine Liaison mit der Schutzmacht England, die bis heute das Land prägt, machten die Stadt ein zweites Mal reich, mit der für die damaligen Relationen beeindruckenden Zahl von 200 000 Einwohnern wahrhaft eine europäische Metropole.

Bis zum Morgen des 1. November 1755. Ein Seebeben, 200 Kilometer vor Lissabons Küste, mit einer gewaltigen, ungekannten Wucht, erschütterte minutenlang die ganze Stadt, riss meterweit die Erde auf und zerstörte alles, was Stein auf Stein errichtet war, und noch die Trümmer wurden in einem nachfolgenden Tsunami weggespült oder in dem tagelangen Großbrand vom Feuer verzehrt.

Zehntausende Menschen in Lissabon und den umliegenden Gemeinden starben, wie viele genau, weiß niemand. Paläste und Villen, Galerien und Opernhaus, Bibliotheken und Klöster, Quartiere und Promenaden, Parks und Avenuen, alles war verloren. Die kostbarsten Bauten der Manuelinik, der ganz und gar portugiesischen Spätgotik mit ihren wunderlichen steinernen Schiffstauen an Säulen und Kapitellen, alles war verloren. Wie in grausamer Ironie blieben nur die Armenviertel der Oberstadt halbwegs verschont. Sollte je ein Hauch von Hochmut die Stadt durchweht haben, nun war alle Überheblichkeit dahin, der stolze Ehrgeiz, den Heinrich der Seefahrer seinem Volk vermacht hatte, war erloschen, ein für allemal.

Überall in Europa, bis nach Finnland, war das Beben der Erde zu spüren. Der Dogenpalast in Venedig wankte, in Luxemburg stürzte eine Kaserne in sich zusammen, Flutwellen verwüsteten die Karibikinseln Martinique und Barbados, Nordafrikas Küste und die Südküste Englands, und in ganz Westeuropa rissen sie Schiffe von ihren Ankern.

Auch die Köpfe der Menschen hatte das Lissabonner Beben erschüttert. Auf dem Höhepunkt der Aufklärung flammte ein uralter Streit unter Europas Philosophen und Theologen neu auf: Wie kann ein allmächtiger, gütiger Gott diese Tragödie zulassen? Ausgerechnet in Lissabon, das den Glauben glühenden Herzens in alle Welt verbreitet hatte. Und ausgerechnet an Allerheiligen. Kant und Lessing lasen begierig jeden Bericht aus der

gewesenen Stadt, sie debattierten und schrieben, die Diskussion um die Theodizee, Gottes Gerechtigkeit, wurde zum erbitterten Zank und füllte Zeitschriften und Bücher. Besonders den Dichter Voltaire, Kopf der französischen Aufklärung, hatten die Ereignisse in Lissabon derart aufgewühlt, dass er die Gelegenheit nutzte, den deutschen Philosophen Leibniz zu desavouieren, indem er dessen Philosophie des Optimismus satirisch kommentierte. In seiner Novelle „Candide oder der Optimismus" wandte er sich voller Spott gegen Leibniz' philosophisches Argument, Gott habe mit dem Kosmos doch gar nichts weniger als eben die beste aller möglichen Welten hervorbringen können, denn anderenfalls wäre er ja nicht Gott, das vollkommene Wesen. Das Problem der Vereinbarkeit göttlicher Macht, Güte und Gerechtigkeit mit den Übeln und Widrigkeiten dieser Welt beschäftigt Philosophen und Theologen noch heute. Wer könnte es lösen?

Abermals musste Lissabon sich aufschwingen, sich neu erschaffen, und abermals kamen die Schläge. 1807 Napoleon, 1811 Typhus, 1833 Cholera, Zehntausende starben und lähmten die Handlungsfähigkeit des kleinen Landes. Kriege, Friedensschlüsse, Revolutionen liefen in langen Wellen über das Land, das sogar den erniedrigenden Krieg zweier Brüder ertragen musste und ebenso, dass Lissabon de facto sogar einmal zur Kolonie Brasiliens wurde, regiert von Rio de Janeiro aus, so lange, bis Brasilien 1822 unabhängig wurde.

Lissabon erduldete nun über Jahrzehnte hinweg eine haltlose, dekadente Monarchie, die sich in ihrer Verschwendungssucht über wachsende Armut, geringe Bildung und leere Staatskassen so lange hinwegsetzte, bis

Aufstände und 1908 ein Attentat auf König Carlos I. und seinen Thronfolger die Ausrufung der Republik unausweichlich machten.

Aber auch sie brachte dem Volk kein Glück. Die großen Opfer, die es im Ersten Weltkrieg an der Seite der Engländer brachte, ließen alle Kraft für die Hürden der Demokratie ermatten und begünstigten einen Putsch, der 1926 António Salazar, einen mönchisch-asketischen Bauernsohn, zum Diktator und Herrn des *Estado Novo*, des Neuen Staates, machte, in dem Repression und klerikal-faschistische Züge eine Eliteherrschaft stützten, mit Lissabon als Zentrum einer hermetischen, entpolitisierten Gesellschaft, die von *fado, fátima e futebol*, also von Musik, Glaube und Fußball, sediert wurde. Salazars Unbarmherzigkeit ging so weit, dass er zwei Studenten, die in einem Lissabonner Straßencafé auf die Freiheit angestoßen hatten, 1960 zu sieben Jahren Haftstrafe verurteilen ließ. Aus Abscheu hierüber gründete der Londoner Rechtsanwalt Peter Benenson im Jahr darauf eine Hilfsorganisation für politische Gefangene, Amnesty International.

Mit einer Revolution, wie sie sich so leise nur in Lissabon ereignen kann, befreite sich Lissabon von seinem Peiniger. Aufständische Truppen ließen sich in der Nacht zum 25. April 1974 mit dem Fado *„E Depois do Adeus"* („Und nach dem Abschied") im Radio den Beginn der Erhebung signalisieren. Bei dem folgenden Aufzug der Soldaten am frühen Morgen liefen immer mehr Kameraden über; jubelnde Zivilisten steckten rote Nelken in die Gewehrläufe und an die Revers der Rebellen. So wurden ein Liebeslied und eine einfache Blume zu den Symbolen des denkbar höflichen Umsturzes von Salazars elender Militärjunta.

Noch im selben Jahr wurden alle Kolonien in die Freiheit entlassen (mit Ausnahme Macaus, über dessen Übergabe man sich mit China nicht einigen konnte). Es folgten schwierige, aber erfolgreiche Monate der Regierungsbildung, 1976 wurde der Beitrittsvertrag mit der Europäischen Gemeinschaft unterschrieben.

Endlich einmal wieder war Lissabon das Glück vergönnt, Schauplatz einer Sternstunde zu sein. Für immer hatte es sich eingeschrieben in die Herzen der Europäer, die diese leise, freundliche Stadt, dieses wunderbare Land mit offenen Armen aufnahmen, auch wenn das Grummeln über die Rückständigkeit in beinahe allen staatlichen Belangen nicht zu überhören war. Lissabon wurde seither, mal mit reformerischen, mal mit konservativen Regierungen, ein verlässlicher Partner und guter Freund in einem zunehmend geeinten Europa, eine Zierde für die Demokratie.

In den vergangenen Jahren, seit der Finanzkrise von 2008, sind in Lissabon wieder Erschütterungen zu spüren, diesmal wirtschaftliche und politische, die die von den europäischen Institutionen auferlegte Sparpolitik den Portugiesen brachte. Wieder sieht man dieser Tage Lissabonner auf den Straßen. Zu fragil ist die wirtschaftliche Konsolidierung, zu groß die Lasten für die noch nicht überaus tragfähige Mittelschicht, zu gering die finanzielle Eigenständigkeit des Staates, als dass sie ohne inneren Aufruhr dem Ende der Krise entgegensehen könnten. Die Proteste sind anders als jene in den übrigen Krisenstaaten. Geballte Fäuste sind nicht zu sehen. Aber *saudade* in den Gesichtern.

Karl Spurzem

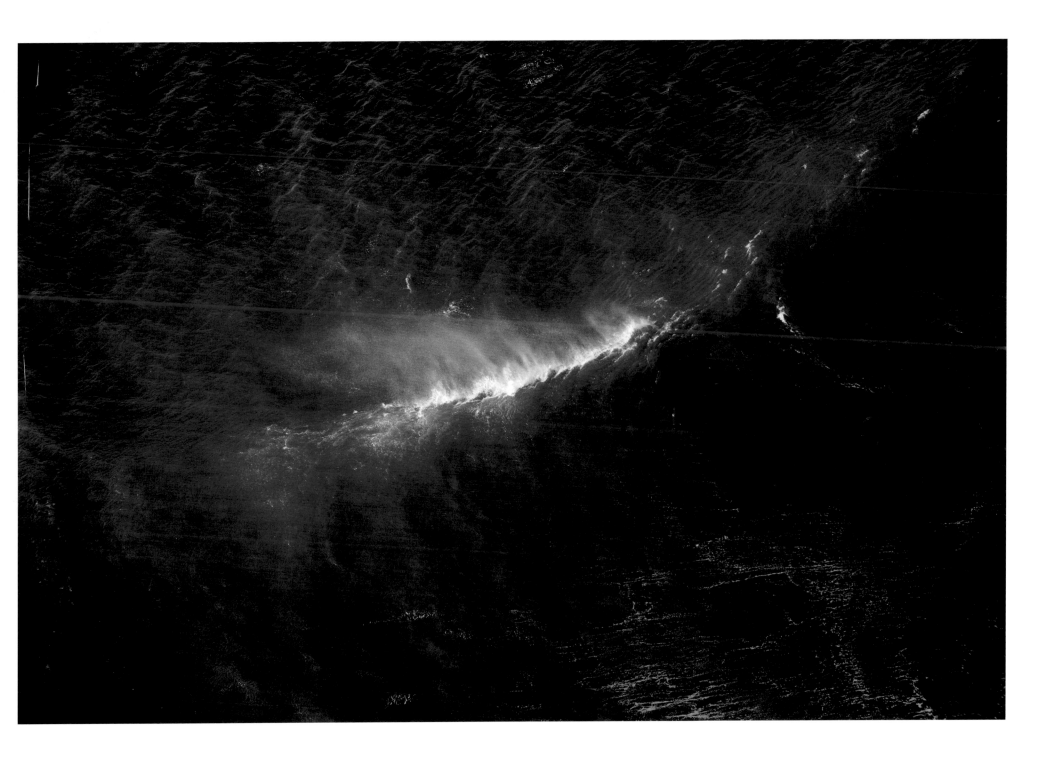

APPENDIX

Seite 6 und 7 „Lissabon, alte Stadt, voll von Schönheit und Charme, immer mit einem schönen Lächeln, und immer im anmutigen Kleide …" (Fado von Amália Rodrigues)

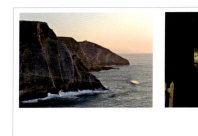

Seite 24 Cabo Espichel. Viele Mythen erzählen von dem wütenden Meer um das 120 Meter hohe Kap.
Seite 25 Ricardo Horta im Bootshaus seines Großvaters. Hier renoviert er eine canoa, das traditionelle Holzboot, namens „Amelia IV".

Seite 10 Martim Moniz. Die Prozession „Unserer lieben Frau des Wohles" geht auf die Pest im Jahr 1570 zurück, als das Volk die Hilfe der Jungfrau Maria erflehte.
Seite 11 Rua da Bica de Duarte Belo. 1597 tat ein Beben eine Senke auf, die schöne Ausblicke auf den Tejo freigibt.

Seite 26 und 27 Restauradores. Auf der Glasveranda des Lichtspieltheaters „Cinema Odéon" traf sich die Gesellschaft in den Spielpausen zum kurzen Stelldichein.

Seite 12 und 13 Baixa Pombalina. Die massiven Gebäude tauchen die Straßen der Unterstadt in beständige Düsternis. Nur selten dringt die Sonne ein; dann zeichnet sie sich scharf auf den strengen Fassaden ab.

Seite 28 Pedro, Musiker. Er will weg aus der krisengebeutelten Heimat, in ein Land mit besseren Chancen.
Seite 29 Calçada de São Francisco. Die Häuser der Unterstadt, deren feuchte Gemäuer die Sonne nicht trocknen kann, verströmen oft muffige Luft.

Seite 20 und 21 Grande Área Metropolitana de Lisboa. Der Großraum Lissabon umsäumt das Ästuar des Tejo, auch Mar da Palha, „Strohmeer", genannt, bevor der Fluss Richtung Westen in den Atlantik mündet.

Seite 30 und 31 Jardim da Estrela. Ein Garten von inszenierter Romantik, wild verwachsen und tiefgrün, voller exotischer Pflanzen, die die Portugiesen von ihren Entdeckerreisen mitbrachten.

Seite 22 und 23 Matador Vitor Mendes lässt noch nach 30 Jahren Routine Aufregung vor dem Stierkampf erkennen. Die Matadores verbringen die letzten Minuten allein und in höchster Konzentration.

Seite 32 Cais do Sodré. Ist man der engen Altstadt entflohen, lässt die Weite des Tejo durchatmen.
Seite 33 Calçada da Estrela. Zwei Frauengenerationen – gehetzte moderne Selbstentfaltung gegen althergebrachte Routine um Heim und Herd.

Seite 34 *Praia Arrábida do Tejo.* Auch ohne sie zu sehen, ist die Brücke überall präsent – wie das monotone Brummen der sie überquerenden Autos.
Seite 35 *Santa Catarina.* Jacarandabäume säumen im Frühling die Straßen mit lilafarbenen Teppichen.

Seite 44 *Avenidas Novas.* In den gepflegten Häusern des Viertels „Neue Avenuen" mit ihren luftigen Plätzen und grünen Alleen lebt die Mittelklasse.
Seite 45 *Rua Áurea*, die „goldene Straße". Hier ging man einst dem Goldschmiedehandwerk nach.

Seite 36 und 37 *Cais das Colunas.* Über diese marmorne Prachttreppe betraten einst königliche Gäste die Stadt. Heute ziehen schwer beladene Frachtschiffe in Richtung Containerhafen vorbei.

Seite 46 *Rua de São Paulo.* Die Hafengegend ist kalt und im Winter in Nebel gehüllt. Hinter bröckelnden Fassaden leben Alte und Immigranten.
Seite 47 *Praça do Comércio.* Wo einst der Vorhof des königlichen Palasts war, flanieren noch heute die Menschen.

Seite 38 *Rua do Alecrim.* In den traditionellen Cafés gehen Männer zu Werke, Frauen schaffen hier im Hintergrund.
Seite 39 *Largo do Chiado*, Herz der Stadt. Unweit von hier saß der Dichter Fernando Pessoa im „Café A Brasileira" und reflektierte über das Leben.

Seite 48 und 49 *Ponte 25 de Abril*, Europas Tor zur Welt. Von hier aus stachen die Entdecker Vasco da Gama, Fernão de Magalhães, Pedro Álvares Cabral und andere in See, um die Weltkarte für immer neu zu zeichnen.

Seite 40 *Caçilhas.* In den Fähren überqueren täglich Tausende, die in den Schlafstädten am Südufer des Tejo leben, den Fluss, um zur Arbeit zu kommen.
Seite 41 *Almada.* 113 Meter über dem Fluss breitet Cristo Rei die schützenden Arme über sein schlafendes Volk.

Seite 50 *Ericeira.* Die Feuerwehr stemmt sich den Waldbränden entgegen, doch starke Winde vom Atlantik entfachen die Glut immer wieder neu.
Seite 51 *Ana Marta*, Fadosängerin, kurz vor ihrem Auftritt in dem renommierten Lokal „Parreirinha d'Alfama".

Seite 42 und 43 *Elevador da Glória.* Nur die Alten benutzen im Alltag noch die Aufzüge, die die steilen Abhänge der sieben Hügel erklimmen. Die jüngere Generation bewegt sich meist lieber mit dem Statussymbol Auto durch die Stadt.

Seite 52 *Avenida dos Estados Unidos de América.* Sie versprüht großstädtisches Flair.
Seite 53 *Cais do Ginjal.* Hier wohnen vereinzelt Menschen in riesigen, verlassenen Gebäuden am Tejo, abgeschieden und isoliert. Ein anderes Leben in einer anderen Welt.

Seite 54 Donna Adília, pensionierte Haushälterin in Botschaftsresidenzen. Sie zehrt vom einstigen Glanz diplomatischen Lebens.

Seite 55 *Coração de Jesus.* In luftiger Höhe erschließt sich die Dichte und das komplexe Nebeneinander dieser Stadt.

Seite 64 und 65 *Praça da Estrela.* In der Basílica da Estrela wird bedeutenden Menschen die Totenmesse gelesen. Anschließend erhalten sie in einer Prozession hügelaufwärts zum Cemitério dos Prazeres, dem „Friedhof der Vergnügungen", das letzte Geleit.

Seite 56 *Largo de São Domingos.* Früh am Abend, wenn die Männer aus Portugals früheren Kolonien gesellig zusammen sind, geht es zu wie auf dem Dorfplatz.

Seite 57 Ein Tramfahrer, geschützt vor den Launen des Wetters, bei der Arbeit.

Seite 66 und 67 *Cais do Sodré.* Wenn Herbst ist, wabert durch die Straßen der Stadt der dichte Rauch aus den Schamotteschloten der Kastanienbräter.

Seite 58 Senhor Fernando, Anwalt im Ruhestand, kommt täglich in die Altstadt, um in der Stammkneipe seine Freunde zu treffen.

Seite 59 *Rua da Conceição.* Die Straßenbahnlinie 28 erklettert auf ihrer Strecke vier der sieben Hügel Lissabons.

Seite 68 *Palácio dos Marqueses de Fronteira.* Überall in Lissabon entdeckt man versteckte Gärten voll üppigen Grüns, der Natur überlassen.

Seite 69 Sandra, Immobilienmaklerin, nutzt ihre Mittagspause für einen kurzen Angelausflug am Tejo.

Seite 60 und 61 *Estrela.* Nach den klammen, grauen Wintertagen wächst bei den Lissabonnern die Sehnsucht nach dem Frühling, nach Sonne, nach Farbe und nach Fröhlichkeit.

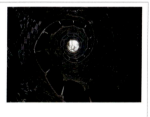

Seite 70 Euphorische Erschöpfung macht sich unter den Frauen der Kalé, einer Untergruppe der Roma, breit, die mit ihren Kindern eine Nacht bei Gesang fasten und beten.

Seite 71 *Sintra.* Eine Treppe als Allegorie auf den Weg von der Hölle ins Licht.

Seite 62 *Rua de Santa Justa.* 45 Meter hoch, dem Hügel von Chiado entgegen, ragt der Elevador de Santa Justa aus den engen Straßen der Baixa.

Seite 63 *Rua Áurea.* Die Unterstadt mit den Banken und Läden ist tagsüber geschäftig, nachts wirkt sie verwaist.

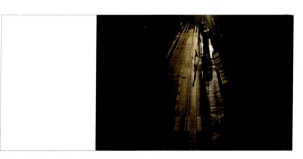

Seite 72 und 73 *Rua de São Paulo.* James Earl Ray, der das Attentat auf Martin Luther King beging, zog im Mai 1968, einen Monat nach der Tat, durch die Kneipen des Cais do Sodré. Damals gab es kein besseres Versteck als die Rotlichtbars im Lissabonner Hafen.

Seite 74 und 75 Selbst in dem Gesicht der Tramfahrerin scheint *a saudade* zu liegen. Kein übersetztes Wort trifft die Bedeutung in seiner Gesamtheit. Weltschmerz, Sehnsucht, Traurigkeit, sanfte Melancholie – wenige Buchstaben, die viel bedeuten.

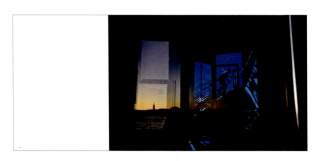

Seite 84 und 85 *Cristo Rei* (links im Hintergrund). Portugals Bischöfe gelobten einst, eine Pilgerstätte zu errichten nach dem Vorbild des *Cristo Redentor* in Rio de Janeiro, wenn ihr Land den Zweiten Weltkrieg in Frieden überdauern würde.

Seite 76 *Ponte 25 de Abril.* Im Winter ziehen raue Stürme vom Atlantik über die Stadt.
Seite 77 *Campo Pequeno.* Zwei Generationen – der Altmeister des Stierkampfs Mestre David Ribeiro Telles übergibt sein Vermächtnis an den Enkel Manuel.

Seite 86 *Calçada do Combro.* Nachts herrscht reges Treiben in den Straßen des Bairro Alto, wenn die Massen in die vielen Bars auf den Hügeln strömen.
Seite 87 *Rua da Conceição.* Winterregen, den die Kanäle nicht mehr fassen, verwandelt die Straßen in Sturzbäche.

Seite 78 und 79 *Olho de Boi.* Die ehemaligen Arbeiterunterkünfte des untergegangenen Fischfangunternehmens Companhia Portuguesa de Pesca. Heute wohnen hier vereinzelt Leute, die noch immer vom Fischfang leben.

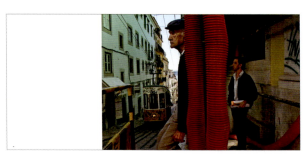

Seite 88 und 89 *Rua da Bica de Duarte Belo.* Das *bairro,* Viertel, ist ein festes soziales Gefüge, wer darin lebt, nimmt aktiv teil. Die Zentren dieses Gemeinschaftslebens sind die Freizeitklubs. Dort trifft sich jedermann, ob alt oder jung.

Seite 80 und 81 *Portas de Santo Antão.* In den leeren Hallen der „Cervejaria Solmar" spürt man noch den vergangenen Glanz und die Eleganz der 1960er Jahre.

Seite 90 und 91 Davide, Fischer, in den verlassenen Werkshallen am Olho de Boi. Hier arbeitet er inmitten von Hunden, Hühnern und Katzen und bereitet sich auf den frühmorgendlichen Fischfang vor.

Seite 82 *Rua do Alecrim.* In seinem Film „Lisbon Story" lässt Wim Wenders seinen Helden durch diese Straße laufen.
Seite 83 *Arco da Rua Augusta,* die Krone der Unterstadt. Der Triumphbogen bekräftigte die Macht des Königs über die kleinen Leute, die hier lebten.

Seite 92 „Ich setzte mich neben die Zeit, in einer gelben Straßenbahn, ich fühlte mich wie ein König, der reist, auf Rädern, in einer Burg ..." (Fado von Carlos Tê und Rui Veloso)
Seite 93 *Parque de Monserrate,* die Vision eines romantischen Gartens in Sintra.

Seite 94 und 95 *Miradouro Nossa Senhora do Monte.*
Die Stadt hat eine Vielzahl unterschiedlicher Perspektiven. Von Hügel zu Hügel gibt sie neue, überraschende Ausschnitte preis.

Seite 104 und 105 *Rua do Arsenal.* Menschen warten auf die tägliche Suppenausgabe einer Armenküche. Der Hunger hat längst die Scham und die Angst vor der Bloßstellung bezwungen.

Seite 96 André, Pferdepfleger. Seit Generationen züchtet seine Familie im Schwemmland nördlich von Lissabon Pferde für den Stierkampf.
Seite 97 *Rua da Prata.* Die Straßenbahn 12 schließt ihren Rundkurs um die Burg an der Praça da Figueira ab.

Seite 106 und 107 Lissabon lädt allenthalben zu einer Zeitreise ein. Hier scheint die Zeit tatsächlich stillzustehen.

Seite 98 Herrenlose Hunde wachen bei Vollmond über den Friedhof der ausrangierten Fischerboote.
Seite 99 *Costa de Caparica.* Refugien am Strand, im Winter ein verlassener Ort.

Seite 108 Der Glaube ist tief verwurzelt und Bestandteil des täglichen Lebens. Jeden Gruß „Bis morgen" begleitet ein *„se Deus quiser"* – „so Gott will".
Seite 109 *Martim Moniz.* Gläubige verfolgen die Prozession der „Nossa Senhora da Saúde" mit Blumengaben.

Seite 100 *Parque das Nações.* Das Ozeanarium war das Kernstück der „Expo 98", der Weltausstellung 1998.
Seite 101 *Praça do Comércio.* Der Kai ist beliebter Treffpunkt – und einer der wenigen Orte, an dem Lissabon dem Tejo nicht den Rücken kehrt.

Seite 110 und 111 *Cais do Sodré.* Warten auf Kundschaft in der Hafengegend, wo einst die Matrosen an Land gingen, um in den Kneipen mit Namen wie „Tokyo", „Jamaica", „Copenhagen", „Oslo" nach dem kurzen Glück zu suchen.

Seite 102 *Largo de São Domingos.* Neonreklamen locken die Menschen zum mitternächtlichen Snack.
Seite 103 In der Bar „Transmission". Von der einstigen Hafenkneipe „Texas Bar" zeugt nur noch das Neonschild des Kaktus über der Eingangstür.

Seite 112 und 113 *Cabo da Roca.* „Hier … wo die Erde endet und das Meer beginnt" – so beschreibt der Dichter Luís de Camões jenen Ort, der am westlichsten Ende des europäischen Kontinents liegt.

Seite 114 Davide, Tagelöhner, studierte Bildende Künste, die ihn aber nicht ernähren. Er lebt in der Wohnung der Eltern.
Seite 115 „Vom Fenster meines Zimmers sehe ich die Welt, von dort habe ich eine Welt der Poesie zu entdecken ...“ (Fado von António Vilar de Costa)

Seite 116 Cais do Sodré. „Ich kehre nie an den Kai zurück, das kannst du mir glauben, an dem ich einst war, um mich von dir zu verabschieden.“ (Fado von António Rocha)
Seite 117 Aufregung beim Ankleiden einer Folkloretanzgruppe vor ihrem Auftritt.

Seite 118 Dem Treiben der *cacilheiros*, der Tejo-Fähren, hat Carlos do Carmo, der Meister des Fado, einen Fado gewidmet: „Lá vai no Mar da Palha ...“
Seite 119 Senhor Adelino, Fischer, nach der Rückkehr vom frühmorgendlichen Fang, der ihm nichts einbrachte.

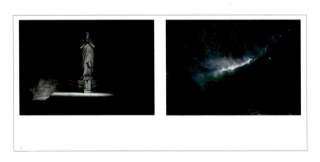

Seite 120 In Kapellen wie dieser haben die Seefahrer die Nacht, bevor sie zu ihren Abenteuern in See stachen, betend zugebracht.
Seite 121 „O salziges Meer, wie viel von deinem Salz sind Tränen Portugals!“ (Fernando Pessoa, „Portugiesisches Meer“)

Seite 122 und 123 Cais das Colunas. Zwei Liebespaare an den zwei Säulen, die die Freiheit und das Abenteuer symbolisieren.

DANKSAGUNG

Das Porträt einer Stadt, Lissabon – eine wundervolle Aufgabe. Doch kommt man in eine neue Stadt, sind die Eindrücke überwältigend, alles ist erzählenswert. Was möchte ich zeigen? Und auf was kann ich verzichten? Ich ließ mich treiben und ging immer wieder gleiche Wege. Ich traf auf Stolz, Melancholie, Freundlichkeit, Zurückhaltung. Lissabon ist eine wunderschöne Stadt, und manchmal liegt sie am Ende der Welt.

Mein Dank gilt besonders Nikolaus Gelpke für das in mich gesetzte Vertrauen, die wundervolle Zusammenarbeit und die damit verbundene Freude an dem Projekt. Nie hätte ich Lissabon so kennenlernen können.

Außerdem danke ich Nadja Zobel und Petra Kossmann für die Gestaltung, Karl Spurzem für die Texte, Andrea Best für die Vorbereitung der Fotografien für den Druck, Stephanie Haack für die Öffentlichkeitsarbeit und der **mare**-Crew für die gute Zusammenarbeit in den letzten Jahren.

Besonders danke ich Ingrid Murer für ihre Assistenz vor Ort, ihren unermüdlichen Einsatz und die vielen kleinen und großen Abenteuer auf dem Land, in der Luft und zu Wasser, die wir zusammen erleben konnten. Des Weiteren danke ich Judith Schmerberg, die mich als Fotograf immer unterstützt und mir mit Rat und Tat zur Seite steht.

Großer Dank geht an alle porträtierten Personen in diesem Buch, für ihr Vertrauen und die wunderbaren Erlebnisse, die wir teilen konnten. Ohne sie hätte diese Arbeit nicht entstehen können.

Ich danke dem **mare**verlag, der mit Leidenschaft, Engagement und Können die Publikationswelt bereichert und die Kultur fördert.

Jan Windszus

BIOGRAFIE

© Jörg Semmler

Jan Windszus, 1976 in Hildesheim geboren und aufgewachsen, studierte Grafikdesign mit dem Schwerpunkt Fotografie an der Hochschule für angewandte Wissenschaft und Kunst in Hildesheim.

Nach dem Abschluss als Diplom-Grafikdesigner im Jahr 2004 ging Jan Windszus nach Berlin und arbeitet seitdem als freier Fotograf. Er publizierte in zahlreichen Magazinen und Büchern. Sein erster **mare**-Auftrag führte ihn im Jahr 2007 nach Kalifornien. Seitdem bereiste er für **mare** die unterschiedlichsten Länder. Für diesen Bildband reiste er insgesamt viermal nach Lissabon.

Herausgeber
Nikolaus Gelpke

Fotografie
Jan Windszus

Texte
Karl Spurzem

Gestaltung
Nadja Zobel

Bildredaktion
Nikolaus Gelpke, Petra Kossmann

Textredaktion
Karl Spurzem

Karte
Peter Palm

Satz / Reproduktion
Andrea Best

Produktion
mDetail

Korrektorat
Susanne Feyke

Druck
Bosch Druck

Drucktechnik
Dieses Buch wurde mit der hochpigmentierten Farbserie
NovaArt® im 120-L/cm-Feinraster produziert.

Bindung
Conzella Verlagsbuchbinderei, Aschheim-Dornbach
bei München

Papier
Zur Verwendung kam Condat matt Périgord 170 g/m².

„Lissabon"
© 2013 für die Fotografien:
Jan Windszus

© 2013 für diese Ausgabe:
mareverlag GmbH & Co. oHG
Pickhuben 2, 20457 Hamburg
Telefon +49 (0)40 36 98 59 0, Fax +49 (0)40 36 98 59 90

www.mare.de

ISBN 978-3-86648-198-5